SV

Sonderdruck
edition suhrkamp

Ulrich Beck
Die Neuvermessung der Ungleichheit unter den Menschen: Soziologische Aufklärung im 21. Jahrhundert

Eröffnungsvortrag zum
Soziologentag »Unsichere Zeiten«
am 6. Oktober 2008 in Jena

Suhrkamp

edition suhrkamp
Sonderdruck
Erste Auflage 2008

Druck: Druckhaus Nomos, Sinzheim
Umschlag gestaltet nach einem Konzept
von Willy Fleckhaus: Rolf Staudt
Printed in Germany
ISBN 978-3-518-06994-3

1 2 3 4 5 6 – 13 12 11 10 09 08

Inhalt

Einleitung: Das Weltbild nationalstaatlich begrenzter Ungleichheit zerfällt

Immer mehr Kinder in Deutschland wachsen in Armut auf. Millionen von Menschen riskieren auf der Flucht aus dem Elend der Heimatländer ihr Leben, um am vermuteten Reichtum westlicher Länder teilzuhaben. In Europa wie den USA, aber auch in China, Brasilien, Rußland und Indien, öffnet sich die Schere zwischen Arm und Reich.

Derartigen Nachrichten liegt ein Weltbild der Ungleichheit unter den Menschen zugrunde, das im Übergang zur modernen Gesellschaft entstanden ist und nun, zu Beginn des 21. Jahrhunderts, im Zeitalter von Globalisierung und Klimawandel, in seinen Grundfesten erschüttert wird. Um diesen Wandel des Weltbildes zu verstehen, ist es nötig, ihn stichwortartig historisch zu verorten.

Aristoteles versuchte, den Ursprung der Ungleichheit aus der Annahme einer natürlichen Verschiedenwertigkeit der Menschen zu erklären. Dagegen wandte Rousseau scharfzüngig ein: Sind die Herrschenden mehr wert als ihre Untergebenen, »findet sich also die Kraft des Geistes, die Weisheit und die Tugend stets in denselben Individuen, und zwar in direktem Verhältnis zu ihrer Macht und ihrem Reichtum?«

Die vormoderne Gesellschaftsordnung stand und fiel mit der Annahme, die Menschen seien von Natur ungleichwertig und der Ursprung der sozialen Ungleichheit sei in Gottes Willen zu suchen. Mit der aufklärerisch-revolutionären Forderung nach der natürlichen Gleichheit aller Menschen zerbrach dieses Weltbild. Damit setzten unsichere Zeiten ein! Wenn die Menschen von Natur nicht ungleich, sondern gleich sind, dann unterliegt die soziale Ungleichheit dem Wandel, dann können die Privilegierten von heute die Ausgestoßenen von morgen sein. Politisch heißt dies: Alle Ungleichheiten sind prinzipiell veränderbar und rechtfertigungspflichtig.

Allerdings erfuhr und erfährt dieses Prinzip seit dem 18. Jahrhundert in der Realität Europas und der USA immer nur innerhalb klarer Grenzen und mit charakteristischen Auslassungen seine Anwendung. Alle Menschen sind gleich – aber diese Gleichheit gilt nicht für Schwarze, Juden und Frauen, und sie endet vor allem an den Grenzen des Nationalstaates. Entsprechend mögen die sozialen Ungleichheiten jenseits des nationalen Gartenzaunes blühen und gedeihen, das ist höchstens Anlaß moralischer Empörung, politisch jedoch irrelevant. Schließlich existiert eine eindeutige Trennung von Gesellschaft und Natur, und damit von sozialer und natürlicher Ungleichheit. Jene bedarf der politischen Rechtfertigung, diese nicht.

All diese Grenzprämissen werden heute fragwürdig. Die Überlagerung, man könnte auch sagen: der Zusammenprall wachsender globaler Gleichheitserwartungen (Menschenrechte) und wachsender globaler wie nationaler Ungleichheiten einerseits mit den radikal ungleichen Folgen des Klimawandels und Ressourcenverbrauchs andererseits kann schon bald dieses ganze Prämissengehäuse nationalstaatlich eingrenzbarer Ungleichheit hinwegfegen wie der Hurrikan *Katrina* die Armenhäuser von New Orleans. Das sind unsichere Zeiten!

Am Beginn des 21. Jahrhunderts erleben wir erneut einen epochalen Wandel, dieses Mal der modernen Welt- und Gesellschaftsordnung, der allerdings gerade erst im öffentlichen Bewußtsein anzukommen beginnt. Dies hängt wesentlich damit zusammen, daß wir diesen diskontinuierlichen Wandel der Koordinaten der Gegenwartsgesellschaft im Bezugsrahmen des alten Weltbildes nationalstaatlich eingezäunter Gleichheit bzw. Ungleichheit zu begreifen versuchen und damit verkennen.[a]

Was meint die soziologische Neuvermessung von Ungleichheit und Herrschaft? Zunächst wird sie sich weder auf die alten Institutionen noch auf die scheinbar ewigen Unterscheidungen – von Wir und die Anderen, national und international, Natur und Gesellschaft – verlassen können. Vielmehr muß die Neuvermessung von Ungleichheit im Zeitalter der Globalisierung und des Klimawandels entlang von drei Arten von Entgrenzungsprozessen erfolgen:

(1) der Entgrenzung sozialer Gleichheit;

(2) der Entgrenzung sozialer Ungleichheit;

(3) dem Ende der Entgegensetzung von Natur und Gesellschaft.

Zum Schluß werde ich die (4) Frage aufgreifen: Was meint und wie wird eine kosmopolitische Erneuerung der Sozialwissenschaften möglich?

1. Soziale Gleichheit wird zu einer weltweiten Erwartung

Erste These: *Zum Problem, zum Konfliktstoff werden soziale Ungleichheiten nicht, weil die Reichen immer reicher und die Armen immer ärmer werden, sondern dann und nur dann, wenn sich anerkannte Gleichheitsnormen und Gleichheitserwartungen – Menschenrechte – ausbreiten. Wer die politische Wirksamkeit sozialer Ungleichheiten verstehen will, muß nach der Geschichte der sozialen Gleichheit fragen.*

Es muß also klar zwischen der Realität sozialer Ungleichheit und dem politischen Problem sozialer Ungleichheit unterschieden werden. Zum politischen Skandal avancieren soziale Ungleichheiten also erst historisch relativ spät – und dann zunächst in einem charakteristischen Widerspruch: Alle Menschen sind zugleich gleich und nicht gleich entlang nationaler Grenzen. Nationale Grenzen wirken als Wasserscheiden der Wahrnehmung: Sie machen soziale Ungleichheiten zum Politikum – nach innen – und produzieren, stabilisieren, legitimieren sie zugleich – nach außen. Unter welchen Bedingungen wird dieses Weltbild brüchig?

Brutale Ironie: Die Ungleichheit zwischen Armen und Reichen in der Weltgesellschaft nimmt die Form eines Champagnerglases an.[b] Auf die 900 Millionen Menschen, privilegiert durch die Gnade der westlichen Geburt, entfallen 86 Prozent des Weltkonsums, sie verbrauchen 58 Prozent der Weltenergie und verfügen über 79 Prozent des Welteinkommens sowie 74 Prozent aller Telefonverbindungen. Auf das ärmste Fünftel, 1,2 Milliarden der Weltbevölkerung, entfallen 1,3 Prozent des globalen Konsums, 4 Prozent der Energie und 1,5 Prozent aller Telefonverbindungen. Leicht erklärlich ist, warum sich die Reichen in ihrem Wohlstand sonnen. Wie aber ist es möglich, daß die beherrschten Armen dies hinnehmen? Max Weber hat bekanntlich die Stabilität der Ungleichheits- und Herrschaftsordnung an die Legitimationsfrage gebunden. Welcher »Legitimitätsglaube« garantiert das Einverständnis der global Armen und Ausgeschlossenen mit der Ungleichheit der Weltgesellschaft, in der die Hälfte der Weltbevölkerung – die Mehrheit der Kinder – hungert? Dem Fünftel der Weltbevölkerung, dem es am schlechtesten geht (sie haben zusammen weniger Geld als der reichste Mensch der Welt), mangelt es an allem: Nahrungsmitteln, sauberem Trinkwasser und einem Dach über dem Kopf. Was also macht diese *globale* Ungleichheitsordnung legitim und stabil? Wie wird es möglich, daß die europäischen Wohlstandsgesellschaften in ihrem Inneren aufwendige finanzielle Transfersysteme auf der Grundlage nationaler Armuts- und Bedürftigkeitskriterien organisieren, während ein Großteil der Weltbevölkerung täglich vom Verhungern bedroht ist?

Meine Antwort lautet: Das Leistungsprinzip legitimiert *nationale* Ungleichheit, das Nationalstaatsprinzip legitimiert *globale* Ungleichheit (in anderer Form). Wie?

Erstens: Nationale Grenzen trennen scharf zwischen *politisch relevanter und irrelevanter* Ungleichheit. Ungleichheiten innerhalb nationaler Gesellschaften werden in der Wahrnehmung enorm vergrößert; gleichzeitig werden Ungleichheiten zwischen nationalen Gesellschaften ausgeblendet. Die »Legitimation« globaler Ungleichheiten beruht also auf institutionalisiertem Wegsehen. Der nationale Blick »befreit« vom Blick auf das Elend der Welt. Er operiert mittels einer doppelten Exklusion: Er exkludiert die Exkludierten. Und daran ist die Ungleichheitssoziologie, die Ungleichheit mit nationalstaatlicher Ungleichheit gleichsetzt, unreflektiert beteiligt. Es ist schon erstaunlich, wie stabil die globalen Ungleichheiten aufgrund des stillen Einverständnisses zwischen der nationalstaatlichen Herrschaft und der nationalstaatlich programmierten Soziologie – unter deren Anspruch auf wissenschaftliche Wertfreiheit! – »legitimiert« werden.

Zweitens: Weil es keine globalstaatliche Zuständigkeit und Beobachtungsinstanz gibt, zerfallen globale Ungleichheiten in circa 200 Inseln nationalstaatlicher Ungleichheiten.

Dies führt zu dem dritten Prinzip, wonach die Ungleichheiten zwischen Ländern, Regionen und Staaten als politisch unvergleichbar gelten. Im nationalstaatlich begrenzten Blick können politisch relevante Vergleiche nur binnennational, nie zwischennational ausgespielt werden. Solche Vergleiche, die Ungleichheit politisch brisant machen, setzen nationale Gleichheitsnormen voraus. Deshalb gewinnen selbst massive Einkommensunterschiede zwischen Personen gleicher Qualifikation, aber unterschiedlicher Staatsangehörigkeit erst dann politische Brisanz, wenn sie auf einen Wahrnehmungshorizont gemeinsamer Gleichheit bezogen werden. Ein derartiger gemeinsamer Rahmen ergibt sich erst dann, wenn die Personen derselben Nation oder dem Staatenbund der EU angehören oder in demselben Konzern, wenn auch in unterschiedlichen nationalen Zweigniederlassungen, beschäftigt sind.

Genau aber das ist es, was der nationale Blick ausblendet: Je mehr Gleichheitsnormen sich weltweit ausbreiten, desto mehr wird der globalen Ungleichheit die Legitimationsgrundlage des institutionalisierten Wegsehens entzogen. Die reichen Demokratien tragen die Fahne der Menschenrechte in die letzten Winkel der Erde, ohne zu bemerken, daß auf diese Weise die nationalen Grenzbefestigungen, mit denen sie die Migrantenströme abwehren wollen, ihre Legitimationsgrundlage verlieren. Viele Migranten nehmen die verkündete Gleichheit als Menschenrecht auf Mobilität ernst und treffen auf Länder und Staaten, die – gerade unter dem Eindruck zunehmender Ungleichheiten im Inneren – die Norm der Gleichheit an ihren bewaffneten Grenzen enden lassen wollen.

2. Kritik des »methodologischen Nationalismus«: Soziale Ungleichheit kann nicht mehr im nationalstaatlichen Rahmen begriffen werden

Zweite These: *Die Wahrnehmung sozialer Ungleichheit in Alltag, Politik und Wissenschaft beruht auf einem Weltbild, das territoriale, politische, ökonomische, gesellschaftliche und kulturelle Grenzen in eins setzt. Tatsächlich aber wird die Welt immer vernetzter. Territoriale, staatliche, ökonomische, gesellschaftliche und kulturelle Grenzen bestehen zwar weiterhin, aber sie koexistieren nicht mehr! Diese empirisch gut belegte Zunahme von Verflechtungen und Interaktionen über nationale Grenzen hinweg*[c] *erzwingt die Neuvermessung sozialer Ungleichheit.*

In der Ungleichheitssoziologie ist alles in Frage gestellt worden – Klassen, Schichten, Lebensstile, Milieus, Individualisierung usw. –, nicht aber der Territorialbezug, die Schollenbindung, die nationalstaatliche Rahmung sozialer Ungleichheit. Anders gewendet heißt das: Das Weltbild der sozialen Ungleichheit beruht auf den Prinzipien von Nationalität und Staatlichkeit, ohne daß dies in der Soziologie bis heute (angemessen) thematisiert wurde oder wird. Die meisten Klassentheoretiker, einschließlich Bourdieu, der so extensiv über Globalisierung in seinen letzten Jahren nachgedacht hat, identifizieren die Klassengesellschaft mit dem Nationalstaat. Dasselbe gilt für Wallerstein[d], Goldthorpe, für fast alle nichtklassentheoretischen Ungleichheitssoziologen. Übrigens auch für meine Individualisierungstheorie sozialer Ungleichheit.

Um die Reichweite dieser Hintergrundannahme auszuleuchten, ist es sinnvoll, zwischen Fragen *erster Ordnung* und Fragen *zweiter Ordnung* zu unterscheiden: Fragen erster Ordnung beziehen sich auf »Was-Fragen« sozialer Ungleichheit, Fragen zweiter Ordnung auf »Wer-Fragen«. Fragen erster Ordnung thematisieren die materielle Verteilung von Chancen und Pflichten, Ressourcen und Risiken, also Einkommen, Bildung, Besitz usw. Sie setzen die Antwort auf die nichtgestellten Fragen zweiter Ordnung voraus, nämlich auf die Fragen: *Wer* ist ungleich? Welche (Bezugs-)Einheit geht den sozialen Ungleichheiten voraus? Welches ist die angemessene Rahmung, in der die Fragen erster Ordnung aufgeworfen und politisch sowie soziologisch beantwortet werden können? Es ist die Kongruenz von politischem Status (nationaler Mitgliedschaft, Paß) und sozioökonomischem Status (Stellung in der nationalstaatlichen Ungleichheitshierarchie), die stillschweigend bei der Ungleichheitsanalyse bis heute vorausgesetzt wird. Sozialforscher verstehen und analysieren ihren Gegenstand vom Standpunkt einer nationalen Wir-Soziologie. Ungleichheitsgegensätze setzen nationalstaatliche Gleichheitsnormen ebenso voraus wie die Exklusion der nichtnationalen Anderen. Dieses Paradigma, das politischen und sozioökonomischen Status unreflektiert in eins setzt, nenne ich »methodologischen Nationalismus«.

Erst der kosmopolitische Blick deckt auf, daß die Meta-Prinzipien von Staat, Nationalität und Ethnizität die Bezugseinheit bilden, innerhalb deren die materielle Verteilung von Ressourcen konfliktvoll ausgehandelt wird. Der sozialwissenschaftliche Blick, im Banne des methodologischen Nationalismus, kann gar nicht sehen, daß die Verbindung von Nationalität und Territorialität vorgängig die soziale Position von Individuen und Gruppen im Weltmaßstab festlegt – und das ist die eigentliche Dimension der Ungleichheit! Dem erwerbbaren Status innerhalb eines national-territorialen Rahmens geht ein zugewiesener, gleichsam ständisch-politischer Status der Herkunftsnation im internationalen System voraus (z.B. gemäß der Unterscheidung von Zentrum und Peripherie).

Anders gesagt: Der methodologische Nationalismus beruht auf einer doppelten Kongruenzannahme: einerseits der Kongruenz von territorialen, politischen, ökonomischen, gesellschaftlichen und kulturellen Grenzen; andererseits der Kongruenz von Akteurperspektive und sozialwissenschaftlicher Beobachterperspektive. Die Prämisse des normativpolitischen Nationalismus der Akteure wird unreflektiert zur Prämisse der sozialwissenschaftlichen Beobachterperspektive. Beide Kongruenzannahmen bestärken sich wechselseitig.

Der historische Trend verläuft genau in die Gegenrichtung: Territoriale, staatliche, ökonomische, gesellschaftliche Grenzen existieren zwar fort, aber sie koexistieren nicht mehr!

Der notwendige Perspektivwechsel kann auf drei Einsichten aufbauen:

– Soziale Klassen sind nur eine der historischen Formen von Ungleichheit;

– der Nationalstaat ist nur einer der historischen Deutungsrahmen;

– »das Ende der nationalen Klassengesellschaft« bedeutet nicht »das Ende der sozialen Ungleichheit«, ganz im Gegenteil verschärft sich dadurch die Ungleichheit im nationalen wie transnationalen Raum.

Wir erleben heute eine Art Wiederholung des Prozesses, der Max Weber vor Augen stand, als er die Ursprünge des modernen Kapitalismus analysierte. Mit dem Unterschied, daß dieser Prozeß sich jetzt in globalem Maßstab vollzieht. Weber sagte, wir müssen die Trennung von Familienhaushalt und kapitalistischem Betrieb betrachten – mit anderen Worten: die Emanzipation der ökonomischen Interessen. Gegenwärtig erleben wir die Emanzipation der ökonomischen Interessen von den nationalen Bindungen und Kontrollinstitutionen. Das bedeutet die *Trennung von Herrschaft und Politik*.

Dem sich herausbildenden Nationalstaat gelang es, die Politik- und Herrschaftsinstitutionen zu entwickeln, mit denen sich die sozialen und kulturellen Schäden des modernen Industriekapitalismus begrenzen ließen. Das geschah innerhalb der territorialen Grenzen des Nationalstaates und war eine Art Ehe zwischen Herrschaft und Politik, die jetzt in einer Scheidung endet. Entsprechend wird die Herrschaft, verwandelt in diffuse Macht, teilweise in den Cyberspace, in Märkte und mobiles Kapital ausgelagert, teilweise auf die Individuen abgewälzt, die die entstehenden Risiken allein bewältigen müssen. Und gegenwärtig ist kein Äquivalent des souveränen Nationalstaates in Sicht.

Wodurch wird in einer Welt, in der die nationalen Grenzen – zumindest für Kapital- und Informationsströme – durchlässig geworden sind, die Stellung im System sozialer Ungleichheit bestimmt? Interessanterweise wesentlich durch die Antwort auf genau diese Entgrenzung. Entsprechend muß zwischen aktiver und passiver Entgrenzung, aktiver und passiver Transnationalisierung von Personen, Bevölkerungsgruppen oder ganzen Ländern unterschieden werden. Zum wichtigsten Einflußfaktor, der über die Position in der Ungleichheitshierarchie im globalen Zeitalter entscheidet, sind die Möglichkeiten oder

Chancen zu grenzenüberschreitender Interaktion und Mobilität geworden. Dazu gehören Ressourcen aller Art – Pässe, Bildungspatente, Sprachen, Geld, also kulturelles, soziales und ökonomisches Kapital. Ebenso die länderspezifischen Einwanderungspolitiken: Nach welchen Kriterien (der Öffnung oder Schließung) richten die Länder im internationalen Wettbewerb um Humankapital ihre Migrationspolitik aus?

Ersetzt man den nationalen Blickwinkel durch einen transnationalen Blickwinkel, ergibt sich ein vollkommen anderes Bild der grenzenüberschreitenden Ungleichheitsdynamik: Auf der einen Seite finden sich die Aufsteiger, die »aktiven Transnationalisierer«. Zu ihnen gehören ganz unterschiedliche Gruppen: die globalen Eliten, die nicht mehr nur in Kategorien nationaler Räume denken und handeln; große Teile der jüngeren Generation (quer zu Bildungsabschlüssen), die bewußt transnational leben, entsprechend mobil sind, internationale Bildungspatente erwerben, Freundschaftsnetzwerke knüpfen und auf diese Weise ihr »Beziehungskapital« vermehren; schließlich Migranten, die die Chancen der Globalisierung nutzen, z.B. indem sie den Familienverband als soziale Ressource einsetzen. Auf der anderen Seite dieser neuen Spaltung steht die abstiegsängstliche globale Mitte, die Transnationalisierung passiv erleidet: die äußerst heterogene Mehrheit derjenigen, die ihre materielle Existenz territorial definieren und angesichts der Bedrohung ihres Lebensstandards auf die Stärkung territorialer Grenzen und die Schärfung nationaler Identität pochen, den Schutz des Staates einklagend. Die unsicheren Zeiten zeigen hier ihr neonationales Gesicht: Der Haß auf »die Anderen«, auf Ausländer, Juden und Muslime, wächst.

Ehrlich gesagt: Was die abstürzende Mitte besänftigen soll – das Zwillingsargument: Globalisierung ist unser Schicksal, Protektionismus ist kontraproduktiv –, tröstet, rettet niemanden. Der Wähler ist kein Masochist. Er wählt nicht die Partei, die seinen Abstieg verspricht. Ohne die Zustimmung der nationalen Mitte weltweit jedoch verliert eine Politik, die die internationale Integration wahren oder sogar ausbauen will, die Machtgrundlage.

Daß das nicht das ganze Bild ist, zeigen Steffen Mau u.a.[e] Sie haben die Hypothese – aktive Transnationalisierung (Interaktion über Grenzen hinweg) ist eine Quelle für kosmopolitische Einstellungen – im Hinblick auf die deutsche Bevölkerung im Jahre 2006 empirisch getestet. Ergebnis: Personen mit grenzenüberschreitenden Erfahrungen und Handlungsmöglichkeiten entwickeln mit größerer Wahrscheinlichkeit kosmopolitische Einstellungen gegenüber Fremden. Anders gesagt: Erfahrene globale Interdependenzen und aktive Interaktion über Grenzen hinweg begünstigen die Bereitschaft und Fähigkeit, die Perspektive der Anderen einzunehmen. Die Fixierung auf den Nationalstaat lockert sich.

3. Im Klimawandel verschmelzen soziale und natürliche Ungleichheit

Dritte These: *Der Klimawandel, der als menschengemacht und katastrophal gilt, vollzieht sich in der Form einer neuartigen Synthese von Natur und Gesellschaft. Während der Ungleichheit von Lebenschancen, die aus der Verfügung über Einkommen, Bildungspatente, Pässe usw. hervorgeht, ihr gesellschaftlicher Charakter sozusagen auf die Stirn geschrieben steht, materialisiert sich die radikale Ungleichheit der Klimafolgen in der Häufung oder Zuspitzung von prinzipiell vertrauten Naturereignissen – Überflutungen, Wirbelstürme usw. –, denen gerade* nicht *auf die Stirn geschrieben steht, daß sie Produkt gesellschaftlicher Entscheidungen sind. Der Ausdruck »Naturgewalt« gewinnt eine neue Bedeutung: In der naturgesetzlichen Evidenz der »Natur«katastrophe vollzieht sich eine Naturalisierung gesellschaftlicher Ungleichheits- und Herrschaftsverhältnisse. Die politische Folge: Das Weltbild der natürlichen Gleichheit der Menschen kippt in das Weltbild einer durch Naturkatastrophen erzeugten natürlichen Ungleichheit der Menschen.*

Die Befunde sind bekannt: Erderwärmung, schmelzende Polkappen, steigende Meeresspiegel, Versteppung, Zunahme der Wirbelstürme. Das alles wird meist als Naturkatastrophe verhandelt. Die Natur für sich ist aber nicht katastrophal. Der Katastrophencharakter ergibt sich erst im Bezugshorizont der davon betroffenen Gesellschaft. Die Katastrophenpotentiale lassen sich nicht aus der Natur oder naturwissenschaftlichen Analysen ableiten, sondern spiegeln die soziale Verwundbarkeit bestimmter Länder und Bevölkerungsgruppen durch die Folgen des Klimawandels wider.

Soziale Verwundbarkeit

Ohne den Begriff der sozialen Verwundbarkeit ist es unmöglich, den katastrophalen Gehalt des Klimawandels zu verstehen. Daß Naturkatastrophen und soziale Verwundbarkeit zwei Seiten derselben Medaille sind, ist vertraute Weisheit für ein Denken, das Klimafolgen als Koprodukt sieht. Doch in den letzten Jahren ist soziale Verwundbarkeit zu einer Schlüsseldimension in der Sozialstrukturanalyse der Weltrisikogesellschaft geworden: Soziale Prozesse und Verhältnisse erzeugen ein ungleiches Ausgeliefertsein an kaum bestimmbare Risiken, und die daraus resultierenden Ungleichheiten müssen weitgehend als Ausdruck und Produkt von Machtbeziehungen im nationalen und globalen Rahmen gelten. *Soziale Verwundbarkeit* ist ein Summenbegriff, der die Mittel und Möglichkeiten umgreift, über die Individuen, Gemeinschaften oder ganze Bevölkerungen verfügen, um mit den Klimagefahren ebenso wie mit Finanzkrisen fertig zu werden – oder eben nicht.

Ein soziologisches Verständnis von Verwundbarkeit hat zwar einen entschiedenen Zukunftsbezug, verbindet damit aber auch eine Vergangenheitstiefe. Denn die »kulturellen Wunden«, die beispielsweise aus der kolonialen Vergangenheit herrühren, bilden einen wichtigen Hintergrund, um grenzenübergreifende Klimakonflikte zu verstehen: Je marginaler die verfügbaren ökonomischen und politischen Optionen sind, desto größer ist die Verwundbarkeit einer bestimmten Gruppe oder Bevölkerung. Die Frage, mit der die Untersuchungseinheit bestimmt werden kann, lautet: Was macht die Verwundbarkeit in einem bestimmten Kontext aus, und wie ist diese dazu geworden, was sie ist?

Beispielsweise im südlichen Mali ist die zunehmende Verwundbarkeit von Dorfbewohnern gegenüber katastrophischen Feuern daraus entstanden, daß staatlich verordnete Feuerpolitiken umgesetzt wurden, die ihrerseits wiederum eine Antwort auf internationalen Druck waren, um die Entwaldung und »Entwüstung« zu beantworten; auf diese Weise müssen Verbindungen zu verschiedenen internationalen Organisationen nachgezeichnet werden und, am Ende, die Bedingungen für internationale Verschuldung, die auf dem fraglichen Land lasten. Für viele, die dieser Welt-Habenichts-Lage angehören, können diese Beziehungen zurückverfolgt werden bis zum Kolonialismus, die sich nun neu ausrichten und ausweiten unter den Bedingungen der »Globalisierung«.[f]

Der Klimawandel kann regionale Verwundbarkeit dramatisch verschärfen – oder abbauen. So sieht sich Rußland schon heute als Gewinner der künftigen ökologischen Krisen, weil es über reiche Vorräte an fossilen Brennstoffen verfügt und höhere Temperaturen Landwirtschaft auch in Sibirien ermöglichen. Wenn sich der ökologische Imperativ durchsetzt, müssen die Menschen ihr Handeln in den verschiedensten Bereichen radikal verändern – von Gesundheit über Politik, Wirtschaft, Bildung bis hin zu Fragen der Gerechtigkeit. Der ökologische Imperativ handelt nicht von etwas, was »da draußen« wäre. Unsere gesamte Lebensform ist auf die ressourcenverschwenderische, naturindifferente industriegesellschaftliche Moderne eingestellt, die es mit dem Siegeszug des Industrialismus immer weniger gibt. Je mehr wir aus dem Paradies der Klima-Unschuld vertrieben werden, desto mehr lösen unsere bisher selbstverständlichen Denk-, Lebens- und Praxisformen Konflikte aus, gelten vielleicht sogar als kriminell.

Das Nebenfolgenprinzip

Das Nationalstaatsprinzip, so habe ich argumentiert, ist nicht länger in der Lage, die aus dem Klimawandel resultierenden Ungleichheiten abzubilden. Was kann an seine Stelle treten? Mein Vorschlag: das *Nebenfolgenprinzip.* Es besagt: Die Grundeinheit natürlich-sozialer Ungleichheit bilden Personen, Bevölkerungen, Regionen, die über nationalstaatliche Grenzen hinweg durch die Nebenfolgen von Entscheidungen nationaler Anderer existentiell betroffen sind. Unter diesem Blickwinkel läßt sich noch einmal der methodologische Nationalismus definieren: In dessen Horizont fällt das Nationalstaatsprinzip zusammen mit dem Nebenfolgenprinzip. Diese Identität wird in dem Maße falsch, in dem die sogenannten Umweltprobleme global zu weltweiten Innenweltproblemen werden.

Oft gilt inzwischen allerdings auch: Man exportiert die Klimagefahren entweder räumlich: in Länder, deren Eliten darin ihre Profitchancen sehen, oder zeitlich: in die Zukunft der noch ungeborenen Generationen. Für diesen florierenden Gefahrenexport müssen nationale Grenzen nicht beseitigt werden, vielmehr ist ihre Existenz deren Voraussetzung. Nur weil diese Sicht- und Relevanzmauern in den Köpfen und im Recht fortbestehen, bleibt »latent« und »Nebenfolge«, was bewußt getan wird.

Das Nicht-Wahrhabenwollen der Umwelt- als Innenweltgefahren findet sich am häufigsten dort, wo die Menschen keine Möglichkeit des Entkommens haben. Entsprechend werden die Risiken dahin abgewälzt, wo sie nicht wahrgenommen werden. Die Gefahrenakzeptanz in diesen Ländern ist nicht gleichzusetzen mit dem Einverständnis der dort lebenden Menschen, eher mit Stummheit und Sprachlosigkeit, die sich aus der Not nähren. Die Ignorierung von Klimagefahren in Staaten, in denen die Armut und die Analphabetenrate besonders hoch sind, bedeutet also keineswegs, daß diese Gesellschaften nicht in die Weltrisikogesellschaft integriert sind. Es gilt vielmehr umgekehrt: Sie sind aufgrund der sonst knappen Ressourcen des Schweigens, die sie als ihren »Reichtum« anbieten, am schlimmsten betroffen.

Globale Umweltgefahren setzen genau dies voraus und in Gang: Risikoerzeugung und Risikobetroffenheit werden räumlich und zeitlich entkoppelt. Was eine Bevölkerung an Katastrophenpotential schafft, trifft »Andere«: die Menschen in fremden Gesellschaften und zukünftige Generationen. Entsprechend gilt: Wer die Entscheidung fällt, Gefährdungen Anderer auszulösen, kann dafür nicht mehr zur Verantwortung gezogen werden. Es entsteht – weltweit – eine organisierte Unverantwortlichkeit.

Die Konstruktion des Klimawandels als »latenter Nebenfolge« wird auch dadurch möglich, daß das für das Management transnationaler Umweltprobleme erforderliche Handeln mit dem nationalen Blick und der nationalen Logik der politischen Institutionen kollidiert. In diesem Sinne sind globale Klimarisiken zugleich latent und menschheitsgefährdend; und die nationalstaatlichen Institutionen ihrer Bearbeitung sind blind sowohl gegenüber ihrem globalen als auch ihrem Naturgesellschaftscharakter. Darauf haben vor allem Klimaforscher als kosmopolitische Bürger hingewiesen, die sich aus Verantwortung über wissenschaftliche Zweifel hinwegsetzen.

Daß Klimawandel soziale Ungleichheiten globalisiert und radikalisiert, daran herrscht kein Zweifel mehr. Um sie genauer zu erforschen, muß der irreführend enge, auf »Bruttosozialprodukt« oder »Pro-Kopf-Einkommen« verengte Rahmen, in den das Ungleichheitsproblem gewöhnlich gezwängt wird, aufgebrochen werden. Entsprechend muß sich die Forschung auf das fatale Zusammentreffen von Armut, sozialer Verwundbarkeit, Korruption, Gefahrenakkumulation und Verlust der Würde konzentrieren.[g] Die am härtesten von alldem betroffene Region – einmal abgesehen von Inselländern, die unter den Wellen verschwinden – ist die Sahel-Zone südlich der Sahara. Sie ist schon jetzt verarmt und zerrissen von religiösen und ethnischen Spannungen, und der Rückgang des Regens könnte die Explosion von Gewalt und Kriegen auslösen. Die Ärmsten der Armen leben im Sahel am Abgrund, und der Klimawandel stößt sie, die am wenigsten dazu beigetragen haben, in den Abgrund. Nach allen geltenden Maßstäben ist das ein schreiendes Unrecht. Zugleich aber erscheint dies als »Naturkatastrophe«: Ausbleiben des Regens. Was hat das zu bedeuten?

Vom Verschwinden der gesellschaftlichen Ursachen und Folgen des Klimawandels in der naturgesetzlichen Evidenz der »Naturkatastrophe«

Damit stellt sich wiederum und ebenfalls in neuer Form Max Webers Legitimationsproblem: Inwieweit wird mit dem Klimawandel eine Rückverwandlung von legitimationspflichtiger sozialer Ungleichheit in legitimationslose natürliche Ungleichheit eingeleitet? Inwieweit also muß Jean-Jacques Rousseaus *Diskurs über die Ungleichheit* (in dem er die Wirkungen aufzeigt, die das Außenverhältnis des Menschen zur Natur für das Binnenverhältnis der Menschen untereinander hat) im Zeitalter des Klimawandels rückwärts gelesen werden?

Der Klimawandel, soziologisch durchleuchtet, weist ein Janusgesicht auf: Die Selbstgefährdung der Menschheit kann dazu benutzt werden, in einer paradoxen Modernisierung der Moderne den Herrschaftsanspruch gegenüber der Natur weiter voranzutreiben, um ihn zu überwinden. In einem anderen Extrem könnte der Abschied von der Moderne vollzogen werden, indem im Angesicht der »Natur«katastrophe soziale Ungleichheit rückverwandelt wird in ein Naturereignis. Nicht ausgeschlossen ist, daß diese Verschärfung oder Entschärfung des Legitimationsproblems konfliktvoll nebeneinander existieren. Ja, daß die Deutungsmuster von Täterregionen und Opferregionen sich entsprechend polarisieren. Wie dem auch sei, es führt kein Weg daran vorbei, auch für diese Möglichkeit der *Barbarisierung* die Augen zu öffnen.

Die Natürlichkeit der Ungleichheit findet zunächst ihren Ausdruck in der unüberwindlichen Differenz zwischen *Klima* und *Wetter*. Der alltäglichen Wettererfahrung wohnt die naturgesetzliche Evidenz der

Gewalt von Stürmen, Überschwemmungen, Dürren usw. inne. Umgekehrt ist das Bewußtsein des Klimawandels das genaue Gegenteil einer »natürlichen« Erfahrung, vielmehr eine hochgradig verwissenschaftlichte Weltsicht, in der z. B. die Abstraktmodelle der Klimaforscher alltägliches Handeln bestimmen. Auch wenn es zur Regel werden sollte, daß die New Yorker an Weihnachten im Bikini herumlaufen können und der mediterrane Winter den Bayern das Skigeschäft verdirbt, kommt aus der Klimaforschung die immer gleiche Erklärung: Einzelne Extremwetter seien kein Beweis für den Klimawandel, bestenfalls ein Indiz. Gerade für die Menschen in denjenigen Regionen, die von den Klimafolgen am radikalsten betroffen sind, ist die Naturgewalt des Wetters überwältigend, was die sozialen Ungleichheiten zwischen Verursacher- und Betroffenenregionen unsichtbar macht. Im eskalierenden Überlebenskampf spielen abstrakte Klimamodelle keine Rolle mehr.

Es bietet sich fast ein »natürliches Ungleichheitsgesetz des Klimawandels« à la Malthus an: Indem die am härtesten Betroffenen sich durch die »Natürlichkeit« ihrer katastrophalen Lage auf sich selbst zurückgeworfen sehen, akzeptieren sie diese. Denn der Überlebenskampf vereinzelt. An die Stelle des Prinzips »Jeder ist seines Glückes Schmied« tritt das Gegenprinzip »Jeder ist seines Unglücks Schmied«. Infolgedessen nimmt die Schuld mit dem Unglück zu, und der Unglücklichste ist zugleich der Schuldigste. Im »Naturschicksal« der Klimakatastrophe passen Unglück und Schuld aufs herrlichste zusammen, so daß es geradezu ein Frevel wäre, als (von Ökologie und Gerechtigkeit bewegter) Außenstehender in diese Harmonie einzugreifen.

Wurde die Legitimationsgrundlage globaler Ungleichheit durch die weltweite Ausbreitung der Gleichheitsnorm erschüttert, so wird sie jetzt neu befestigt: Unter dem Eindruck der »Natur«katastrophe verschwindet deren gesellschaftliche Erzeugung, wird die Natur selbst die Legitimation.

4. Was meint und wie wird eine kosmopolitische Erneuerung der Sozialwissenschaften möglich?

Die Neuvermessung der Ungleichheit muß entlang dreier Koordinaten erfolgen:

(1) Die Soziologie sozialer Ungleichheit kann nicht länger von der Globalisierung sozialer Gleichheit abstrahieren. Selbst wenn die Ungleichheiten nicht wüchsen, wachsen die Gleichheitserwartungen – und delegitimieren, destabilisieren das System national-globaler Ungleichheiten. »Entwicklungsländer« verwestlichen sich und spiegeln so dem Westen zurück, daß die »Gleichheit« der Umweltzerstörung zur zivilisatorischen Selbstzerstörung führt.

(2) Die Soziologie sozialer Ungleichheit kann sich nicht länger auf die Prämisse der Unterscheidung von national und international verlassen. Die Gleichsetzung von sozialer mit nationaler Ungleichheit, die der methodologische Nationalismus vornimmt, ist zur Fehlerquelle par excellence geworden.

(3) Die Geburtsprämisse der Soziologie, die Unterscheidung von sozialer und natürlicher Ungleichheit, ist unhaltbar geworden. Lebenslagen bzw.

Lebenschancen, bisher vermessen im Horizont nationalstaatlich begrenzter Ungleichheit, verwandeln sich in *Überlebenslagen* bzw. *Überlebenschancen* in der Weltrisikogesellschaft. Gerade bei »Natur«-Risiken gibt es keine natürliche Gleichheit, sondern, im Gegenteil, soziale Ungleichheit in gesteigerter Form, Privilegierte und Nicht-Privilegierte: Während einige Länder bzw. Gruppen die Folgen der Wirbelstürme, Überschwemmungen usw. sozial einigermaßen auffangen können, erleben andere, die Nicht-Privilegierten, auf der Skala sozialer Verwundbarkeit, den Zusammenbruch der gesellschaftlichen Ordnung, die Eskalation der Gewalt.

Wer diese drei Komponenten zusammendenkt, stößt auf ein Paradox: Je mehr Gleichheitsnormen global an Geltung gewinnen, desto unlösbarer wird das Klimaproblem und desto verheerender werden die sozialökologischen Ungleichheiten der Nebenfolgen. Keine rosige Aussicht. Gerade aber diesen unbestechlichen, weltoffenen Realismus meint der Begriff des »kosmopolitischen Blicks«. Es geht nicht um die Feiertagsrhetorik einer kosmopolitischen Weltverbrüderung, sondern darum, den Blick in Alltag, Politik und Wissenschaft zu öffnen für die entgrenzte Explosivkraft sozialer Ungleichheit im 21. Jahrhundert. Dieser kosmopolitische Realismus schließt durchaus die Möglichkeit ein, daß nationalstaatliche Regierungen aufgrund des erfahrenen Autonomieverlustes militärisch auftrumpfen oder sogar Amok laufen.

Doch das alles ist nur die halbe Wahrheit.

Der Klimawandel ist Ambivalenz pur: Er setzt auch ein »kosmopolitisches Moment« frei

Vierte These: *Klimawandel verschärft vorhandene Ungleichheiten von Armen und Reichen, Zentrum und Peripherie – aber hebt diese zugleich auf. Je größer die planetarische Gefahr, desto geringer die Möglichkeit selbst der Reichsten und Mächtigsten, ihr zu entkommen. Klimawandel ist beides: hierarchisch* und *demokratisch.*

Das beinhaltet ein neues aufklärerisches Programm. In dem Maße, in dem der diskontinuierliche Wandel der Koordinaten sozialer Ungleichheit ins Bewußtsein der Weltöffentlichkeit gerät – wenn also erkannt wird, daß das nationalstaatliche System sozialer Ungleichheit belagert wird durch globale Risiken (Klimawandel, Weltwirtschaftskrisen, Terrorismus), die die unterentwickelten und entwickelten Nationen aneinander binden –, kann etwas historisch Neues entstehen: ein kosmopolitischer Blick, in dem sich die Menschen zugleich als Teil einer gefährdeten Welt und als Teil ihrer lokalen Geschichten und Überlebenslagen sehen.

Entsprechend setzt der Klimawandel – ähnlich dem antiken Kosmopolitismus (Stoa), dem *ius cosmopolitica* der Aufklärung (Kant) oder den Verbrechen gegen die Menschheit (Hannah Arendt, Karl Jaspers) – ein »kosmopolitisches Moment« frei: Globale Risiken konfrontieren mit den scheinbar fernen Anderen. Sie reißen nationale Grenzen ein und mischen das Einheimische mit dem Fremden. Der entfernte Andere wird zum inneren Anderen – nicht (nur) als Folge von Migration, vielmehr als Folge von globalen Risiken. Der Alltag wird kosmopolitisch: Menschen müssen ihr Leben führen und verstehen im Austausch mit Anderen und nicht länger in der Begegnung mit ihresgleichen.

Der gängige, eingängige naive Katastrophenrealis-

mus irrt. Klimarisiken sind nicht gleichbedeutend mit Klimakatastrophen. Klimarisiken sind die Antizipation zukünftiger Katastrophen in der Gegenwart. Diese »gegenwärtige Zukunft« der Klimarisiken ist real, die »zukünftige Zukunft« der Klimakatastrophen dagegen (noch) irreal. Doch schon die Antizipation des Klimawandels setzt einen grundlegenden Wandel hier und heute in Gang. Seitdem als unstrittig gilt, daß der Klimawandel menschengemacht ist und katastrophale Folgen für Natur und Gesellschaft hat, werden die Karten in Gesellschaft und Politik neu gemischt, und zwar weltweit. Deshalb ist der Klimawandel keineswegs ein direkter, nicht zu verhindernder Weg in die Apokalypse – er eröffnet auch die Chance, die nationalstaatlichen Bornierungen der Politik zu überwinden und einen kosmopolitischen Realismus im nationalen Interesse zu entwickeln. Klimawandel ist beides. Er ist Ambivalenz pur.
Nur der durch die Kunst und Schule des methodischen Zweifelns geschärfte soziologische Blick kann dies aufdecken und öffentlich gegen die Dominanz von Zynismus und Ratlosigkeit wenden. Deshalb kann die Soziologie des Klimawandels als ein Lehrstück für die kreative Wirkung unsicherer Zeiten gel-

ten.[h] Wie läßt sich diese Signatur der Zweiten Moderne in der Soziologie verorten?

Das Hauptproblem der Soziologie heute besteht darin, daß sie die falschen Fragen stellt

Fünfte These: *Die Leitfragen der Gesellschaftstheorien sind zumeist auf Stabilität und Ordnungsbildung ausgerichtet und nicht auf das, was wir erfahren und daher begreifen müssen: einen epochalen, diskontinuierlichen Gesellschaftswandel in der Moderne.*[i]

Das war nicht immer so.

»An die Stelle der alten, nationalen Selbstgenügsamkeit und Abgeschlossenheit tritt ein allseitiger Verkehr, eine allseitige Abhängigkeit der Nationen voneinander … Die nationale Einseitigkeit und Beschränktheit wird mehr und mehr unmöglich, und aus den vielen nationalen und lokalen Gewerkschaften bildet sich eine Weltgewerkschaft.« Natürlich hat Karl Marx das geschrieben. Allerdings mit einem kleinen Unterschied: Ich habe in dem Zitat das Wort Literatur durch das Wort Gewerkschaft ersetzt.

Diese Fälschung deckt auf, was vergessen zu sein scheint. Marx hatte die Klasse der Nation übergeordnet. Seine Gesellschaftstheorie macht deutlich: Das größte Problem für die Zukunft der Nationalgesellschaften bestand im 19. Jahrhundert in ihrer Infragestellung durch grenzüberschreitende Klassenkonflikte. Marx' Ideen versetzten den Nationalstaat in Panik. Dessen Reaktion bestand darin, das Klassenproblem, das im Gefolge der alles umwälzenden Industrialisierung hervorbrach, als ein innernationalstaatliches aufzugreifen. So wurde die kosmopolitische Klassendynamik in viele separate nationale »soziale Probleme« umgewandelt, und von nun an stand die Integration des Proletariats in den nationalstaatlichen Gesellschaften im Vordergrund. Diese Aufgabe hatte eine so hohe Priorität, daß sich so unterschiedliche Lösungsansätze wie der Sozialismus, der Wohlfahrtsstaat und sogar die Klassen- und Ungleichheitssoziologie als Wissenschaft daran beteiligten. Am Ende gelang dies so sehr, daß die nationale Integration und Solidarität als Voraussetzung der Klassenordnung und Klassenkonflikte zugleich wirklich und unkenntlich wurde.

»Bis der letzte Zentner fossilen Brennstoffes verglüht ist« – Max Webers berühmtes Zitat ist mehr als eine Metapher. Er sah oder sagte voraus, daß der entfesselte Industriekapitalismus einen unstillbaren Appetit auf Naturressourcen hat und dadurch seine eigenen materiellen Voraussetzungen aufzehrt. In Webers Schriften bleibt ein »ökologischer Subtext« zu entdecken, ein Max Weber für das 21. Jahrhundert und das Zeitalter des Klimawandels.[j] Oder, um es anders auszudrücken, eine frühe Theorie reflexiver Modernisierung: Die Siege des modernen Industriekapitalismus erzeugen und entfalten, ungesehen und ungewollt, die globale Krise des Klimawandels, jene Verbindung natürlich-sozialer katastrophischer Ungleichheitspotentiale, die das Leben auf dem Planeten bedrohen.

Dieses frühe Stück ökologischer Aufklärung lehrt uns zwei Dinge. Erstens: Es gibt in der Tat inspirierende Einsichten und konzeptionelle Ideen für eine Soziologie des Klimawandels in den Schriften der ersten Generation soziologischer Klassiker (nicht nur bei Max Weber, auch bei John Dewey, Herbert Mead, Emile Durkheim, Georg Simmel und vielen anderen) zu entdecken. Wie Weber sprach Dewey davon, daß der amerikanische Kapitalismus »Verschwendung«,

»Verwüstung« und die mögliche »Auslöschung« natürlicher Ressourcen forciert.[k] Dies verdeutlicht, daß die Gründer der Soziologie eine Vorstellung vom diskontinuierlichen Wandel kapitalistischer Modernisierung haben.

Zweitens: Der Horizont eines die Modernisierungsgrundlagen revolutionierenden Modernisierungsprozesses ging in der zweiten Generation der Klassiker nach dem Zweiten Weltkrieg (von Daniel Bell über Talcott Parsons bis Niklas Luhmann) verloren. Entscheidend dafür war die historische Gegenerfahrung der Stabilität gesellschaftlicher Modernisierung im katastrophenreichen 20. Jahrhundert: Durch alle Krisen und Krisenprognosen, zwei Weltkriege, politische Umstürze, Widerstände, Kulturkritik, antimoderne Bewegungen hindurch setzt sich die Eigenlogik gesellschaftlicher Modernisierung durch. Kurz: Das Rätsel der Gesellschaftstheorie bestand nun darin, die stabilisierte, inkrementalistische, nahezu krisenfreie Hochphase der ersten, industriegesellschaftlichen Moderne zu begreifen (das spiegelt sich noch in den »Krisentheorien« des Spätkapitalismus von Jürgen Habermas und Claus Offe in den 1970er Jahren).

Beispielsweise verwirft Daniel Bell in seinem Buch *The Coming of Post-industrial Society* (1999) »Grenzen des Wachstums« und prangert die »apokalyptische Hysterie der ökologischen Bewegung« an (487 ff.). Er und Talcott Parsons sind sich einig, daß die moderne Gesellschaft »sich mehr und mehr außerhalb der Natur entfaltet«; das heißt: Unsere Umwelten sind technologisch und wissenschaftlich vermittelt. Also können Ressourcenprobleme durch technologische Innovationen und wirtschaftliche Aufschwünge gemanagt werden.

In ganz anderer Weise und doch vergleichbar hat Niklas Luhmann in seiner Gesellschafts- bzw. Systemtheorie einen brillanten Versuch vorgetragen, das Klassenproblem ein für allemal zu entschärfen. Mit der Bitte um Nachsicht für die durch die Kürze des Vortrags erzwungene holzschnittartige Verkürzung seines hochkomplexen Argumentes kann ich hier nur auf seine evolutionistisch-epochale Unterscheidung zwischen segmentärer Differenzierung, stratifikatorischer Differenzierung und funktionaler Differenzierung verweisen. In der funktionalen Differenzierung heutiger westlicher Gesellschaften sieht Luhmann den Hauptunterschied zu früheren Gesellschaftsformen. Für ganz frühe archaische Gesellschaften war die segmentierende Differenzierung typisch, es gab demnach nur wenige Unterschiede, etwa zwischen Kriegern und Priestern. Die nachfolgenden Gesellschaften waren stratifikatorisch differenziert, sie waren also in der Form der Über- bzw. Unterordnung nach dem Muster sozialer Klassen oder Schichten strukturiert. Solche vertikalen Kategorisierungen verlieren nach Luhmann mit fortschreitender funktionaler Differenzierung an sozialer und politischer Bedeutung. Mit anderen Worten: Funktionale Differenzierung löst die Klassengesellschaft auf und ab. Zwar produziert – so Luhmann – funktionale Differenzierung externe Effekte, beispielsweise das Wirtschaftssystem neue Ungleichheiten. Dafür aber gäbe es wohlfahrtsstaatliche Kompensationen – mit der Folge: Die Klassengesellschaft mutiert in die Industriegesellschaft. Deren Ungleichheiten sprengen keineswegs den Rahmen, sondern sind im Gegenteil (wie schon Parsons argumentierte) als funktional zuträglich zu begreifen und zu bejahen.

Diese Stabilitätskonstellation, die die Frage nach der gesellschaftlichen Ordnung erzwang, zerbricht zu dem Zeitpunkt, an dem diese Autoren abtreten. Sie können nicht *sehen,* wie Individualisierung, Globalisierung, Umwelt-, Klima- und Finanzrisiken systemisch grenzübergreifend die neuen Wirklichkeiten gleichsam vulkanischer Ungleichheitslandschaften schaffen.

Soziologie, verstanden als Ordnungswissenschaft, leidet an der Paradoxie, hochprofessionell, aufs genaueste bis zur fünften Stelle hinter dem Komma, einen Gesellschaftswandel *ohne* Wandel zu diagnostizieren. Dem beobachtbaren Prozeß einer gesellschaftlichen Mutation der Moderne – wenn ich diesen biologischen Ausdruck verwenden darf –, der angesichts der selbstzerstörerischen Folgen radikalisierter Modernisierung die Gesellschaftsstruktur *von innen heraus* revolutioniert, stehen die verschiedenen Soziologien hilflos gegenüber. Für diesen Prozeß der – wie es Joseph A. Schumpeter ausdrückte – »schöpferischen Zerstörung«, der doch, wie die Klassiker lehren, zum Wesen der kapitalistischen Moderne gehört, verfügt sie über keine Gesellschaftstheorie, keinen empirischen Bezugsrahmen, keine Forschungsroutinen, keine entsprechend transnationale Organisationsform ihrer Forschung und Lehre.

Nicht unwahrscheinlich ist, daß Gesellschaft wie Soziologie auf das überfallartige Neue mit einer Schreckensstarre antworten, die es gewaltsam auf das scheinbar altgültige Muster der industriegesellschaftlichen nationalstaatlichen Wandellosigkeit des Wandels verpflichten will und, wie es bei Angstzuständen zu gehen pflegt, ein hohes Maß an Brutalität erkennen läßt. In derart »unsicheren Zeiten« verwandeln sich selbst gelassene Soziologen in manchmal fröhliche Reaktionäre – und merken es nicht.

Allerdings gibt es auch andere Signale. Die von mir skizzierte Neuvermessung der Ungleichheit erlaubt eine methodologische Schlußfolgerung, nämlich, wie gesagt, den kosmopolitischen Imperativ: Grenzenübergreifende Lebens- und Überlebenslagen lassen sich nur in einer kosmopolitischen Perspektive – das heißt in neu zu findenden, neu zu definierenden, grenzenübergreifenden Fokussen, die die national ausgeschlossenen Anderen einbeziehen – deutend verstehen und ursächlich erklären. Tatsächlich haben in der Entwicklung der letzten zehn Jahre Sozialwissenschaftler und Sozialwissenschaftlerinnen verschiedener Disziplinen die Einnahme der kosmopolitischen Perspektive der Globalität erprobt und praktiziert. Um nur exemplarisch einige Schlüsselnamen und -ansätze zu nennen – Glick Schiller, Weiß, Pries: Transnationalismus; Bayly: moderne Geschichte als Weltgeschichte in kosmopolitischer Perspektive; Habermas: postnationale Konstellation; Stichweh, Albert: Weltgesellschaft, Weltstaat; John Meyer: Weltkultur; Albrow: das globale Zeitalter; Levy, Sznaider: kosmopolitische Erinnerung; Ong, Randeria, Römhild: glokale Ethnographie; Zürn: Kritik des methodologischen Nationalismus; Grande: kosmopolitische Politikwissenschaft; Mau: kosmopolitische Einstellungen als Konsequenz transnationaler Erfahrungsräume; und viele andere mehr. Dies zeigt: Teile der Sozialwissenschaft (auch in Deutschland) beginnen sich konzeptionell und empirisch zu öffnen.

Ausblick: Vom Irrtum der Raupe

Was aber meint der Schlüsselbegriff »Kosmopolitisierung«? Keinesfalls Globalisierung, sondern soziologisch hochrelevante *Nebenfolgen* der Globalisierung, die aus der Erosion nationaler Grenzen weltweit hervorgehende *unfreiwillige Konfrontation mit dem fremden Anderen.* Die Grenzen sind sicherlich nicht verschwunden, aber unscharf geworden und durchlässig für Informationsströme, Kapitalbewegungen und ökologische Gefahren sowie für bestimmte Menschengruppen (Touristen ja, Migranten nein). Kosmopolitisierung heißt sicherlich nicht, daß nun alle Menschen automatisch Kosmopoliten würden. Eher ist das Gegenteil zu beobachten: eine weltweite Welle der Renationalisierung. Aber die soziologische Schlüsseleinsicht lautet: Im Alltag wie in den Sozialwissenschaften entsteht ein immer stärkerer Bedarf für eine *Hermeneutik des Fremden*, weil wir in einer Welt leben und forschen, in der gewalttätige Spannungen und Spaltungen und unvorhersehbare Interdependenzen normal werden sowie neuartige Gefahren untrennbar mit Aufbruchsmöglichkeiten verwoben sind.

Wir stehen im Banne einer Soziologie, deren Grundlagen in den vergangenen hundert Jahren gelegt wurden. Das erste Jahrhundert der Soziologie ist nun vorbei. Auf dem Weg in das zweite geht es darum, den Raum der soziologischen Imagination und Forschung – und damit auch der soziologischen Aufklärung – neu zu erschließen und zu bestimmen, für die kosmopolitische Konstellation zu öffnen. Dafür gibt es historische Voraussetzungen gerade in Deutschland, in dem die Debatte um Kosmopolitismus und Patriotismus die intellektuelle Öffentlichkeit des späten 18. und des 19. Jahrhunderts aufwühlte. Heinrich Heine sagte sogar: Der Kosmopolitismus sei der eigentliche Beitrag der Deutschen zur Weltkultur. Jedoch eine kosmopolitische Soziologie bedeutet etwas anderes, eine Soziologie, die die ontologisierten Prämissen und Dualismen der nationalstaatlichen Soziologie – wie national und international, Wir und die Anderen, Gesellschaft und Natur – in Frage stellt und auf diese Weise einen neuen soziologischen Blick, eine neue soziologische Grammatik für die beschreibende Theorie der Phänomene sozialer Ungleichheit (in der Verknüpfung von Armut, Reichtum und ökologischer Zerstörung, Ressourcenverknappung usw.) gewinnt. Eine kosmopolitische Soziologie unterscheidet sich von einer universalistischen, indem sie nicht beginnt mit einem meist aus dem eigenen – europäischen – Erfahrungszusammenhang gewonnenen Abstraktum (z. B. »Weltgesellschaft« oder »Weltsystem« oder das »autonome Individuum« usw.).

Allerdings gehört auch diese selbstkritische Offenheit dazu: Das Forschungsprogramm der kosmopolitischen Soziologie steckt noch in den Anfängen. Wie können neue transnationale Untersuchungseinheiten definiert werden? Welches ist ihre Komparatistik? Wenn es richtig ist, daß die Produktion empirischer Daten nationalstaatlich orientiert und organisiert ist, wie wird eine transnationale quantitative Empirie möglich? Wie wird es möglich, die Allgegenwart der kulturell und politisch Anderen in die soziologischen Perspektiven und Methoden zu integrieren? Was heißt die Hermeneutik des fremden Anderen? Können wir die Transformationszeit im *status nascendi* überhaupt begreifen, erforschen? Unsere alten Irrtümer und Fehler kennen wir, wie aber können wir unsere neuen Irrtümer und Fehler in der Erforschung der neuen Wirklichkeit erkennen, abwenden?

Die Menschheit könnte dem Irrtum der Raupe erliegen.[1] Diese Menschheitsraupe befindet sich im Stadium der Entpuppung, beklagt aber ihr Verschwinden, weil sie den Schmetterling, zu dem sie wird, noch nicht ahnt. Umgekehrt könnte es allerdings geschehen, daß wir uns allzusehr auf die vielzitierte Hölderlinsche Hoffnung verlassen, wonach mit den Gefah-

diskursive Konstruktion „des Anderen/Fremden"

ren auch das Rettende wächst. Dann würde der Anstrengung, die notwendig ist, um ein Schmetterling zu werden, der Antrieb entzogen. Die Frage, ob die Soziologie selbst sich im Entpuppungsstadium befindet, also eine Raupe auf dem Weg zum Schmetterling ist, wage ich nicht zu beantworten. In jedem Fall wünsche ich diesem Kongreß bei der Aufklärung dieser Ambivalenzen unsicherer Zeiten anregende Vorträge, aufregende Debatten. Und bedanke mich für Ihre Aufmerksamkeit.

Anmerkungen

a Im Horizont der Risikosoziologie meinen »unsichere Zeiten« zunächst Zeiten fabrizierter Unsicherheit – manufactured uncertainties –, also einen neuen Typus zivilsatorischer Risiken, für die Ereignisse wie Tschernobyl, Rinderwahnsinn, 11. September, Klimawandel oder die aktuellen Katastrophenpotentiale globaler Finanzrisiken stehen. Sie alle haben eine Reihe von Merkmalen gemeinsam: Sie sind gerade nicht zurückzuführen auf einen Mangel, sondern die Siege industrieller Modernisierung. Ihre Ursachen und Wirkungen sind nicht auf einen geographischen Ort oder Raum begrenzt, sie sind prinzipiell allgegenwärtig. Ihre Folgen sind unkalkulierbar. Im Grunde handelt es sich um »hypothetische« Risiken, die auf einem von den Wissenschaften erzeugten Nicht-Wissen und auf normativem Dissens basieren. Vor allem aber sind sie auch nicht kompensierbar: Der Sicherheitstraum der ersten, industriegesellschaftlichen Moderne schloß Schäden (auch größeren Ausmaßes) nicht aus, doch galten sie als kompensierbar, ihre schädlichen Auswirkungen waren (durch Geld usw.) rückgängig zu machen. Wenn das Klima sich unumkehrbar verändert hat, wenn die Humangenetik irreversible Eingriffe in die menschliche Existenz erlaubt, wenn terroristische Gruppen bereits über Massenvernichtungswaffen verfügen, dann ist es zu spät. Angesichts dieser neuen Qualität der »Bedrohung der Menschheit« – so François Ewald – verliert die Logik der Kompensation ihre Gültigkeit und wird durch das Prinzip der Vorsorge durch Vorbeugung ersetzt. (F. Ewald: *The Return of Descartes' Malicious Demon: An Online of a Philosophy of Precaution*, in: T. Baker u. J. Simon (Hg.): *Embracing Risk*, Chicago: University of Chicago Press 2002: 273-301.) Das Prinzip der Vorsorge erzwingt eine Methode des Zweifelns, in dem Sinne, wie ihn Descartes in seinen *Meditationes* kanonisiert hat, aber mit dem entscheidenden Unterschied, daß hier in den Fällen größtmöglicher Gefahr keine Gewißheit in Sicht ist. Ich muß, um vorzubeugen, nicht nur das Wissen, sondern auch das Nicht-Wissen ausloten; ich muß – aus Vorsicht! – das Schlimmste ausmalen; und dabei kann mir gerade keine Erfahrung beistehen, weil diese genau das Schlimmstmögliche auslösen könnte, das es auf jeden Fall zu verhindern gilt. Durch diese »Reflexivität der *manufactured uncertainties*« wird die Unbestimmbarkeit des Risikos in der Gegenwart zum ersten Mal für die gesamte Gesellschaft grundlegend. Diese Reflexivität fabrizierter Unsicherheit verweist auf jenen diskontinuierlichen Wandel grundlegender Koordinaten der Gegenwartsgesellschaften, den ich hier zu begreifen suche. Sie durchdringt und verändert die Grundlagen des Zusammenlebens und Handelns in allen Bereichen, national und global. An den *manufactured uncertainties* lassen sich neue Formen des Umgangs mit offenen Fragen ablesen, die Art und Weise, wie die Zukunft in die Gegenwart integriert wird (siehe dazu U. Beck: *Weltrisikogesellschaft*, Frankfurt a. M.: Suhrkamp 2007).

b D. Held: *Globale Ungleichheiten*, in: U. Beck (Hg.): *Generation Global. Ein Crashkurs*, Frankfurt a. M.: Suhrkamp 2007.

c Siehe die Arbeiten von David Held u.a.: *Global Transformations*, Cambridge: Polity Press 1999; sowie M. Beisheim, M. Zürn u.a.: *Im Zeitalter der Globalisierung?* Baden-Baden: Nomos 1999.

d Zwar betonen Wallerstein und die Weltungleichheitsforscher, die mit der Weltsystemtheorie arbeiten, daß es bemerkenswert wenig substantielle theoretische Reflexion über Konvergenz und Polarisierung in der Weltökonomie gibt; auch kritisieren sie die Praxis, den Nationalstaat als *einzige* Untersuchungseinheit zu nehmen. Aber sie stellen nicht die Unterscheidung von national/international in Frage, sondern sehen diese als ergänzende Ebenen. (Vgl. R. Patricio u. a.: *World Inequality in the 21st Century*, in: G. Ritzer (Hg.): *The Blackwell Companion to Globalization*, Oxford: Blackwell 2007: 565-592.)

e S. Mau u.a. (2008): *Cosmopolitan attitudes through transnational practices?*, in: *Global* Nr. 8 (1): 1-24.

f Siehe dazu J. X. Kasperson u. R. F. Kasperson (2005): *The Social Contours of Risk*, vol. I und II, London: Earthscan.

g Amartya Sen hat in diesem Zusammenhang Mortalität als einen Schlüsselindikator vorgeschlagen und ausgearbeitet: »Die epidemiologische Atmosphäre, in der jemand lebt, kann einen substantiellen Einfluß auf die Morbidität und Mortalität haben.« Ders.: *Mortality as an indicator of economic success and failure*, in: *The Economic Journal* 1998: 108.

h U. Beck u. J. van Loon: *Until the Last Ton of Fossil Fuel Has Burnt to Ashes: Climate Change, Global Inequalities and the Dilemma of Green Politics*, in: *Theory, Culture & Society* (im Erscheinen).

i Siehe dazu die Schriften des Münchner Sonderforschungsbereichs »Reflexive Modernisierung«, zum Beispiel U. Beck u. C. Lau (Hg.): *Entgrenzung und Entscheidung*, Frankfurt a. M.: Suhrkamp 2004.

j M. Weber: *Die protestantische Ethik und der Geist des Kapitalismus*, in: ders.: *Gesammelte Aufsätze zur Religionssoziologie*, Bd. 1, Tübingen: 1988: 203. Max Weber sagte in einem Vortrag interessanterweise anläßlich seiner Amerikareise in deutscher Sprache, gehalten am 21. September anläßlich der vom 30. April bis 1. Dezember 1904 in St. Louis stattfindenden Weltausstellung: »We will not forget that the modern boiling heat of capitalistic culture is connected with heedless consumption of natural material for which there is no substitute.« (S. 75) »Then the dissolving effects of capitalism are increased.« (S. 77), in: ders.: *The Relations of the Rural Community to Other Branches of Social Science* (ein deutschsprachiges Manuskript konnte nicht nachgewiesen werden, ebd. S. 171).

k J. Dewey: *Quest for Certainty*, in: ders.: *The Later Works*, Vol. 4, Edwardsville, IL: Southern Illinois University Press 1988.

l Diese Metapher verdanke ich Burkhard Müller: *»Sein Schrei verhallte in der Masse des Weltgeräusches«*, in: *Süddeutsche Zeitung* vom 1. August 2008: 12.